# YES

# YES

# YES

# YES

# YES

# YES

# YES

# YES

# YES

# YES

# YES

# YES

# YES

# YES

# YES

# YES

# YES

# YES

# YES

# YES

# YES

# YES

# YES

# YES

# YES

# YES

# YES

# YES

# YES

# YES

# YES

# YES

# YES

# YES

# YES

# YES

# YES

# YES

# YES

# YES

# YES

# YES

# YES

# YES

# YES

# YES

# YES

# YES

# YES

# YES

# YES

# YES

# YES

# YES

# YES

# YES

# YES

# YES

# YES

# YES

# YES

# YES

# YES

# YES

# YES

# YES

# YES

**YES**

# YES

# YES

# YES

# YES

# YES

# YES

# YES

# YES

# YES

# YES

# YES

# YES

# YES

# YES

# YES

# YES

# YES

# YES

# YES

# YES

# YES

# YES

# YES

# YES

# YES

# YES

# YES

# YES

# YES

# YES

# YES

# YES

# YES

# YES

# YES

# YES

# YES

# YES

# YES

# YES

# YES

# YES

# YES

# YES

# YES

# YES

# YES

# YES

# YES

# YES

# YES

# YES

# YES

# YES

# YES

# YES

# YES

# YES

# YES

# YES

# YES

# YES

# YES

# YES

**YES**

# YES

# YES

# YES

# YES

# YES

# YES

# YES

# YES

# YES

# YES

# YES

# YES

# YES

# YES

# YES

# YES

# YES

# YES

# YES

# YES

**YES**

# YES

# YES

# YES

**YES**

# YES

# YES

# YES

# YES

# YES

# YES

# YES

# YES

# YES

# YES

# YES

**YES**

# YES

# YES

# YES

# YES

# YES

# YES

# YES

# YES

# YES

# YES

# YES

# YES

# YES

**YES**

# YES

# YES

# YES

YES

# YES

# YES

# YES

# YES

# YES

# YES

# YES

YES

# YES

# YES

# YES

# YES

# YES

# YES

# YES

# YES

# YES

# YES

# YES

# YES

# YES

# YES

# YES

# YES

# YES

**YES**

# YES

# YES

# YES

# YES

# YES

# YES

# YES

# YES

# YES

# YES

# YES

# YES

# YES

# YES

# YES

# YES

# YES

# YES

# YES

# YES

# YES

# YES

# YES

# YES

# YES

# YES

# YES

# YES

# YES

# YES

# YES

# YES

# YES

# YES

# YES

# YES

Made in the USA
Las Vegas, NV
09 April 2025

d3b5c991-2368-401c-88ef-b6f226de7e93R01